Serial Publication — WINGS

STORY BY
大川七瀬
NANASE OHKAWA

第7巻

RG VEDA

聖伝

非天征戮篇 I

新書館

COMIC BY
もこなあぱぱ
MOKONA APAPA

Publication — WINGS COMICS

PLANNING
CLAMP

六星《ろくせい》流れ落つる　そは天に背《そむ》く闇星《やみぼし》なり
紡《つむ》がれし運命《さだめ》のさきがけに　汝《なんじ》　みずから育《はぐく》むべし
絶えたる血族《けつぞく》の指し示すままに
汝　赤児とともに　発ち行かん
善悪定まらずともその赤児　天界の運命の輪を回す
六星集うは天の取極《しゅきょく》なり
PLANNING CLAMP

RG VEDA 聖伝

第七巻

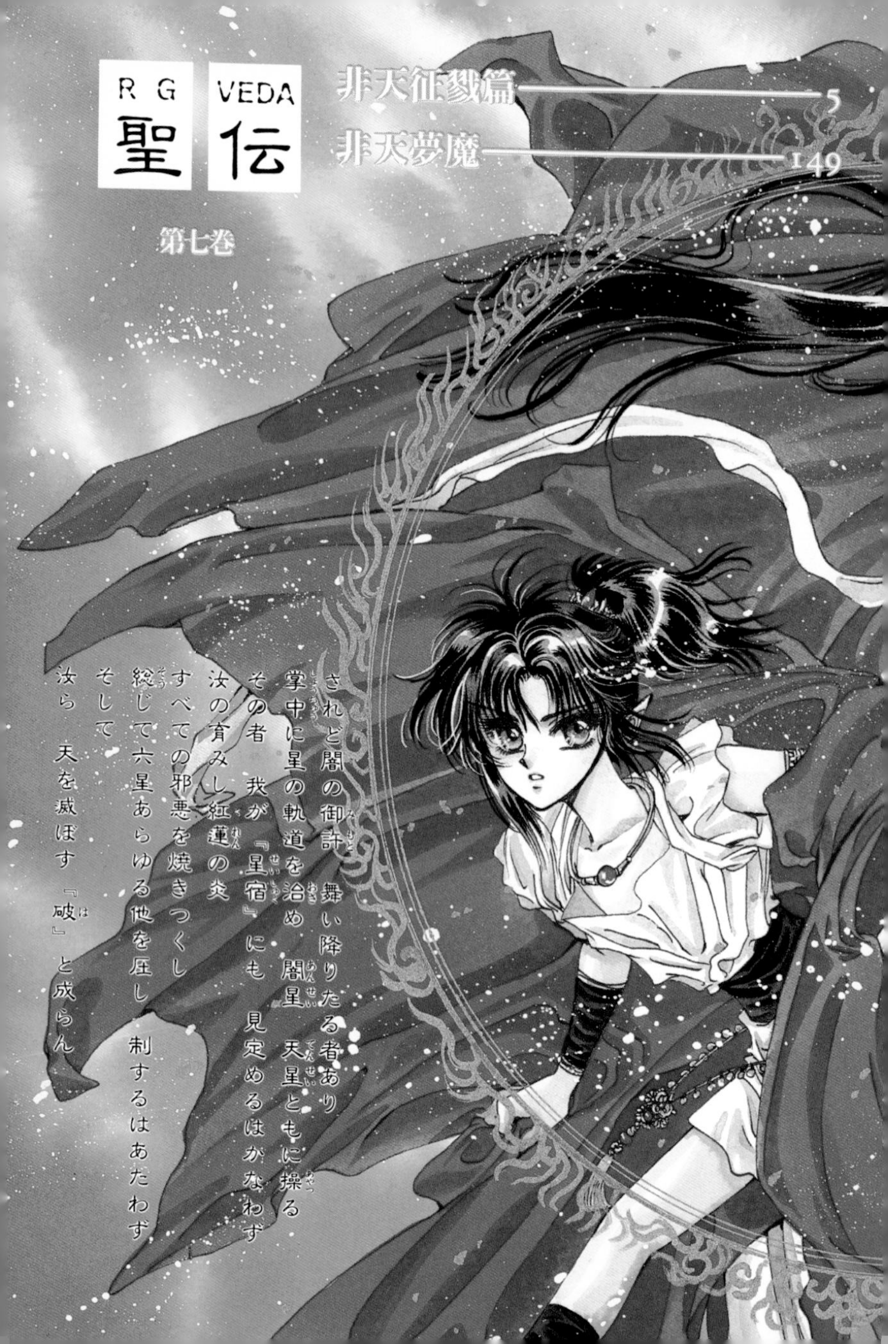

されど闇の御許《みもと》 舞い降りたる者あり
掌中《しょうちゅう》に星の軌道を治《おさ》め 闇星《あんせい》 天星《てんせい》ともに操《あやつ》る
その者 我が『星宿《せいしゅく》』にも 見定めるはかなわず
汝の育みし紅《ぐ》蓮《れん》の炎
すべての邪悪を焼きつくし
総《そう》じて六星あらゆる他を圧し 制するはあたわず
そして
汝ら 天を滅ぼす『破《は》』と成らん

HOSHIGANAGARERU

CLAMP MEMBERS

Main

STORY 大川七瀬 NANASE OHKAWA

COMIC もこなあぱぱ MOKONA APAPA

汝ら、天を滅ぼす『破』と成らん。

Book Designer

大川七瀬

Director

もこなあぱぱ

Short Comic

猫井みっく

Art Assistants

猫井みっく MICK NEKOI

五十嵐さつき SATSUKI IGARASHI

CLAMP MEMBERS

PLANNING & PRESENTED by

CLAMP

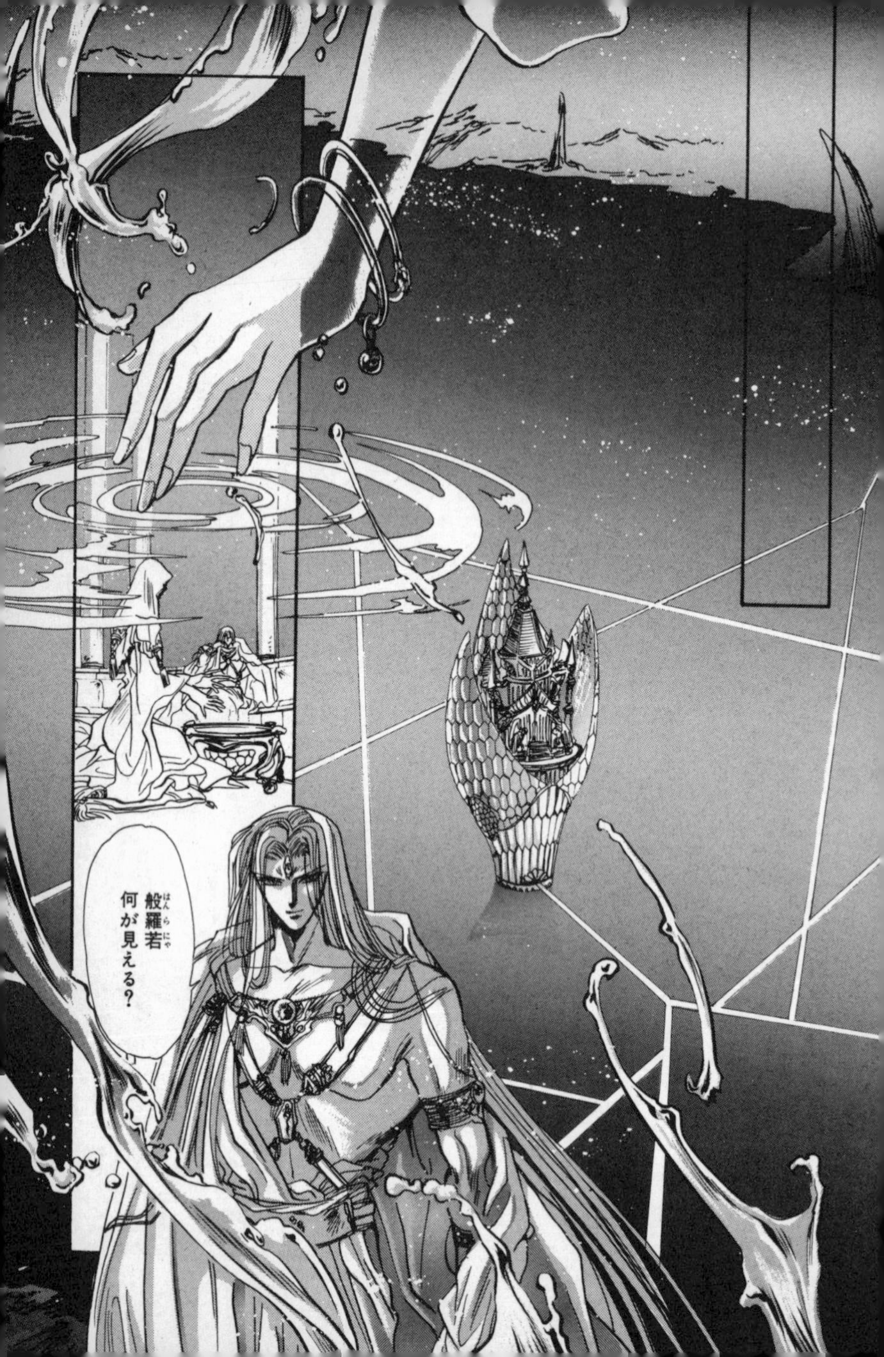
般《はん》羅《ら》若《にゃ》何が見える？

星が二つ
そして
その星たちと合流《ごうりゅう》すべく蒼《あお》き星がひとつ……
それが
『六星《ろくせい》』とやらか？
はい
その『六星《ろくせい》』が余《よ》を……
余《よ》の統《す》べるこの天界《てんかい》を滅《ほろ》ぼすと言うのだな？
クク……クッ

先代《せんだい》の『星見《ほしみ》』九曜《くよう》の最後の予言です
九曜《くよう》……
先帝《せんてい》の亡《な》き後三百年間余《よ》の命《めい》を拒《こば》み続け
この善見城《ぜんみじょう》の地下にある水牢《みずろう》に幽閉《ゆうへい》され続けた『星見《ほしみ》』

九曜《くよう》の『星見《ほしみ》』は
一度たりと違《たが》えたことは
ありません
廻《まわ》るべき輪を止め
天則《てんそく》に従《したが》い巡《めぐ》る星《ほし》を落とし
では余《よ》は
殺されるか
いいえ
私《わたくし》がお守り
致《いた》します
運命の絃《いと》を
この手で断《た》ち切る
大罪《たいざい》を犯《おか》そうとも……

……
ポ……ウ
貴方《あなた》の最後の予言が
間違《まちが》っていたことを
私が証明《しょうめい》して
みせましょう
九曜《くよう》……姉様

ダッ
行って来まーすっ！
お二人だけで行かせて本当によろしかったのでしょうか
オロオロ…
天帝軍《てんていぐん》の追手《おって》がいつ襲《おそ》ってくるともしれませんのに……
大丈夫《だいじょうぶ》だ

羅刹《らせつ》と別れてから
阿修羅《あしゅら》は阿修羅《あしゅら》なりに一生懸命《いっしょうけんめい》らしい
頼《たよ》ってばかりではなく
私に頼《たよ》られるようになりたいそうだ
以前《いぜん》 御子《みこ》がおっしゃっていました
今は自分は守られてばかりだけれど
いつか夜叉王《やしゃおう》を守れるように強くなりたいと

そして
もう誰も大切な人を亡《な》くしたくないと
泣《な》いていらっしゃいました
でも御子《みこ》は今でも充分《じゅうぶん》お強い
パチパチ
あんなに幼《おさな》い身で過酷《かこく》な運命の渦《うず》に身を置《お》いて
それでも一生懸命《いっしょうけんめい》大切な方を守ろうと必死になっていらっしゃる
私は御子《みこ》をお助けしたいのです
あの方のお力になりたいのです

……ありがとう
何かあったのか？
せっせ　せっせ
頑張《がんば》るなあ
阿修羅《あしゅら》に出来ることはまだまだ少ないから一生懸命《いっしょうけんめい》出来ることをするんだ
また
えらく成長《せいちょう》したもんだなあ

羅刹《らせつ》と約束したんだもん
夜叉《やしゃ》を信《しん》じるって
夜叉《やしゃ》の大切な弟……
ちょっと夜叉《やしゃ》に似《に》てる
ねね龍《りゅう》ちゃんきょうだいいる？
おれ?!
俺は一人っ子だ
じじ
姉
妹
兄
弟
でも兄貴《あにき》みたいな従兄弟《いとこ》たちはいたけど…
どんな人!?
一人はいつも怒ってばっかしで何かとうるさいし
もう一人は話はわかってくれるけどろくでもないことばっか教えてくれたし……

よくやったよなーおやつの取《と》り合《あ》い俺と青龍《せいりゅう》がバタバタやってるうちに
なんかたいへんそう…
気が付いたら白龍《はくりゅう》が涼《すず》しい顔してかっさらってたり……
意外《いがい》と青龍《せいりゅう》って鈍《どん》くさくってすぐ白龍《はくりゅう》に怒《おこ》られてたけど
白龍《はくりゅう》だって寝起《ねお》きは悪いわ青龍《せいりゅう》より短気《たんき》だわで二人ともどっこいどっこいってなもんだ
ずるっ…ずるるるる～
ね龍《りゅう》ちゃん
なんだ?
阿修羅《あしゅら》のきょうだいのこと知ってる?
え!?
阿修羅《あしゅら》の兄弟……って善見城《ぜんみじょう》にいる……

三百年前の聖戦《せいせん》の折《お》り
阿修羅族《あしゅらぞく》の神女《みこ》であり 阿修羅王《あしゅらおう》の后《きさき》であるはずの 舎脂《しゃし》が阿修羅族《あしゅらぞく》を裏切《うらぎ》り
帝釈天《たいしゃくてん》と通じ 生まれたのが
天王《てんおう》です
その天王《てんおう》と共《とも》に 生まれたのが 亡《な》き阿修羅王《あしゅらおう》の御子《みこ》
しかしこの阿修羅族《あしゅらぞく》 最後の一人は生まれた時から 行方《ゆくえ》知《し》れずだ
舎脂《しゃし》自《みずか》ら 殺《ころ》したのではないかと 噂《うわさ》されている
生きていたら 天王《てんおう》と同い年
だが 生き長《なが》らえて いないほうが 幸せかもな
生まれた時から 一族はなく 禁戒《きんかい》として 葬《ほうむ》られる
血を分けた弟は父君《ちちぎみ》である 阿修羅王《あしゅらおう》を殺《ころ》した 帝釈天《たいしゃくてん》の子

双児《ふたご》でありながら
阿修羅《あしゅら》と天王《てんおう》は
生まれながらの
敵《てき》どうし
りゅうちゃん？
ヒョコ
たとえいつかは
わかってしまうことだとしても
そんなこと阿修羅《あしゅら》にゃ
言えねえ
？

誰《だれ》だっ！
！
人間の……女!?

あ ご苦労様《くろうさま》です み……
もう一人!?
何者!?
龍王《りゅうおう》…… あの方は?
薪《たきぎ》拾《ひろ》いしてたら 会ってそのまま 阿修羅《あしゅら》が なついちまったんだ

ひそっ
帝釈天《たいしゃくてん》の追手《おって》が いつ迫《せま》って来るやも しれないこの状況《じょうきょう》で それはちょっと まずいのでは……
ひそひそ
俺だって そー思ったよ でも 阿修羅《あしゅら》が 聞かねえんだから しょうがないだろ
ひそひそ
夜叉《やしゃ》!
あのねっ あのねっ この人 薪拾《たきぎひろ》い 手伝《てつだ》ってくれたんだ
この先に 住《す》んでるんだって
とっても 良い人なんだよ
龍《りゅう》ちゃんが いきなり龍牙刀《りゅうがとう》 向けて 死ぬほど びっくりしたのに
全然《ぜんぜん》 怒《おこ》らなかったの それで それでっ

ぽん
この子が世話《せわ》になった
……
名は？
沙羅《しゃら》……と申《もう》します
皆様《みなさま》 旅《たび》の途《と》中《ちゅう》でいらっしゃいますか？
うん
ふるふる…

もしよろしければ
我《わ》が家《や》にお泊《とま》りになりませんか？
え!?
いいの？
本当は結婚《けっこん》している身なのですが今主人《しゅじん》は旅《たび》に出ております
あずま屋ですが野宿《のじゅく》よりましかもしれませんから……
これからはしっかりするんじゃなかったのか？
こちこちこちっ
はらはら…
ーいっ!
行きたいか？
うん

こーなったら夜叉王《やしゃおう》に望《のぞ》みを託《たく》すしかねえ
はら..
はら
なんたって夜叉王《やしゃおう》は大人《おとな》だしそんでもって俺たちはあろうことか追《お》われる身《み》
では世話《せわ》になろう
すってーん
わーい

夜叉王《やしゃおう》
なんでここに泊《とま》ったんだ？
帝釈天《たいしゃくてん》の罠《わな》かもしれないのに
阿修羅《あしゅら》が行きたいと言ったからだ
うひょ〜
あのな——っ
『六星《ろくせい》』を探《さが》すためだ
え？
帝釈天《たいしゃくてん》を倒《たお》すには
『六星《ろくせい》』が揃《そろ》わなければならない

その鍵《かぎ》は『六星《ろくせい》』を探《さが》す『修羅刀《しゅらとう》』だ
孔雀《くじゃく》は『修羅刀《しゅらとう》』の共鳴《きょうめい》を頼《たよ》りに『六星《ろくせい》』を探《さが》し出せるはずだと言った

『修羅刀《しゅらとう》』は阿修羅《あしゅら》の内にある
ならば阿修羅《あしゅら》の『共鳴《きょうめい》』を期待《きたい》するしかない

つまり
でもやっぱり過保護《かほご》と甘《あま》やかせすぎは子供《こども》を非行《ひこう》に走らせるんだぞ
…………
阿修羅《あしゅら》の行きたい所へ行かせて　したいようにさせるしかないってことか…
そういや夜叉《やしゃ》一族《いちぞく》の最後の生き残《のこ》りがもう一人出て来たおかげで話すのが遅《おく》れたが…
『六星《ろくせい》』のうち一人がどうやらわかったらしいぞ
何!?

来る……
南《なん》天《てん》より星が降《お》りて来る
『六星《ろくせい》』の蒼《あお》き星が……

蘇摩《そうま》が言ってた
その時　修羅刀《しゅらとう》に映《うつ》っていたのは
確《たし》かに南の武神将《ぶしんしょう》迦楼羅王《かるらおう》だったそうだ

迦楼羅王《かるらおう》が……
孔雀《くじゃく》の言ってたって話は あながちでたらめじゃ ないらしいな
そう言えば また突然《とつぜん》 いなくなったが
ありゃあ いったい何者だ?
紫の瞳は
魔族《まぞく》の証拠《しょうこ》

おまけに
あの神出鬼没《しんしゅつきぼつ》さは
只者《ただもの》じゃない
夜叉王《やしゃおう》の
知《し》り合いは
変態《へんたい》
ばっかだ
教育上よくないぞ!
……
あわあわあわ
迦楼羅王《かるらおう》が
『六星《ろくせい》』……

ゴオオオオ
ポロン
ポロロン♪
ポロン…
蘇摩《そうま》……
無事《ぶじ》でいるかしら……

ピタ
すみません
お邪魔《じゃま》を……
いえ　とんでも
ございません
天《てん》王《おう》様
御手《おて》を
止めるつもりは
なかったのです
ただ
あまりに素晴《すば》らしい
琴《こと》の音《ね》に
つい惹《ひ》き付けられてしまって
私ごときの
琴《こと》の音《ね》を
お気に召《め》して
頂《いただ》いて
光栄《こうえい》ですわ

琴《こと》の音《ね》だけでは
ありません
私は……
……
サラ…
はい？
……
ぜ…善見城《ぜんみじょう》には
いつまで
おいでなのですか？
天帝《てんてい》のお召《め》しは後《あと》三《み》晩《ばん》
四日目の朝《あさ》には
乾陀羅闍《ガンダラージャ》に
帰ります

三日後には帰ってしまわれるのですか
しょぼん…
あの……
あの
あの時の約束《やくそく》を覚《おぼ》えていらっしゃいますか!?
約束《やくそく》??
今の今まで忘れていた
是非《ぜひ》 私のために琴《こと》をひいてください
約束《やくそく》…って あの時の……
ええ 覚《おぼ》えておりましてよ
大ウソつき
乾闥婆王《けんだつばおう》…私は…
天王《てんおう》様!

天王様《てんおう》
え
え？
舎脂様《しゃし》がお待《ま》ちですわ
お早く
確の前にもこんな事が～～っ
ずるずる～
乾闥婆王《けんだつばおう》！
はい？
………
また琴《こと》を聴《き》かせてください

喜《よろこ》んで……
お早く天《てん》王《おう》様
私がしかられて
しまいますわ
お先にお行きに
なって
くださいまし
あの……
よくも恥《はじ》をかかせて
くださったわね
はい？
なんのこと
でしょう？
まあ
白々《しらじら》しい！

謀反人《むほんにん》の迦楼羅王《かるらおう》が天帝《てんてい》に拳《けん》を向けた時のことよ!!
天帝軍《てんていぐん》 西方将軍《せいほうしょうぐん》 広目天《こうもくてん》の一人娘《ひとりむすめ》である私に あのような暴言《ぼうげん》を吐《は》いた 詫《わ》びは必《かなら》ずして頂《いただ》くわ!
何か
失礼《しつれい》なことを申《もう》し上げましたかしら
私は私の友人である迦楼羅王《かるらおう》を侮辱《ぶじょく》する方に注意を促《うなが》しただけですわ

わなわな
天帝《てんてい》の
お気に入りだと思って
いい気になって……！
今に見て
らっしゃい！
あらあら
バタンッ
元気な方
ですわね
あの葬儀《そうぎ》の日に
空を飛《と》んでいたのは
間違《まちが》いなく金翅鳥《ガルーダ》だった
迦楼羅王《かるらおう》は
生きている

誇《ほこ》り高い迦楼羅王《かるらおう》のこと
最愛《さいあい》の妹姫《いもうとひめ》のあんな最期《さいご》を知って
天帝《てんてい》への復讐《ふくしゅう》を諦《あきら》めるはずもない
夜叉王《やしゃおう》……
阿修羅王《あしゅらおう》の御子《みこ》……
迦楼羅王《かるらおう》……
そして

蘇摩《そうま》……

うーん
ごしごし
うにゃ？
灯《あか》り……
こんな夜中に……沙羅《しゃら》かな？
？
？

沙羅《しゃら》?
ヒョコ
いない……
外かな?

沙《しゃ》——羅《ら》っ
びくうっ!!
きゃあっ
ああ
びっくりした
ばあっ
眠《ねむ》れないの?
ちょっと目が
覚《さ》めちゃった
だけだよ

やっぱり こんな あずま屋では 眠《ねむ》れない かしら…… かえって 悪いこと しちゃったわね
ううん！
こんなちゃんとした 寝床《ねどこ》で寝《ね》るのは 久《ひさ》し振《ぶ》りで嬉《うれ》しいよ
沙羅《しゃら》こそ こんな夜中に 何を していたの？
灯《あか》りを ともして いたのよ

旦那様《だんな》がお帰りになる時に家の位置《いち》がすぐわかるようにね
目標《めじるし》なの
この辺りに人家《じんか》はないし木々に囲《かこ》まれてて夜帰って来たら
迷《まよ》うかもしれない
だからこうして毎晩《まいばん》灯《あか》りをともして待《ま》っているの……

沙羅《しゃら》は本当に
その人のことが大好きなんだね
旦那《だんな》さんってどんな人?
それは心が正しくて強くて
優《やさ》しくて立派《りっぱ》で
本当に素敵な人よ
しょっちゅう旅に出ちゃうの?
ええ
一人で寂《さび》しくない?
寂《さび》しいけれど
でも
必《かなら》ず帰って来てくれるわ
いつもの笑顔《えがお》でお土産《みやげ》も持って

だから
ずっとこうして待《ま》っているのよ
沙羅《しゃら》はえらいね
ここでずっとずっと一人で待ってるなんて本当にえらいね
えらくなんかないわ旦那《だんな》様のことを信じているから……
阿修羅《あしゅら》が夜叉《やしゃ》と離《はな》れ離《ばな》れになったらどうするだろう……
信《しん》じて待《ま》っていられるだろうか

うぅん！
羅刹《らせつ》と約束《やくそく》したんだから
一生懸命《いっしょうけんめい》頑張《がんば》らなくちゃ
がろ
沙羅《しゃら》!!
？
阿修羅《あしゅら》も沙羅《しゃら》みたいに頑張《がんば》るね！
でもどうして阿修羅《あしゅら》たちを
泊《と》めてくれたの？
貴方《あなた》が
可愛《かわい》かったからよ

……それに似《に》てるんですもの
似《に》てるって誰に？
一緒《いっしょ》にいらした方が旦那《だんな》様にどこか似《に》ていらっしゃるの
そう……なんとなくだけれど
とても良く似《に》てる……

ふーん
カタン
阿修羅《あしゅら》

失礼《しつれい》します
母上
おやすみ前でしたか
申《もう》し訳《わけ》ございません

良いのですよ
天王《てんおう》
……
あの
なんの御用《ごよう》
でしょうか
貴方《あなた》を
呼《よ》びにやった覚《おぼ》えは
ありませんよ

大混乱!!
?
?
えぇっ でもでも 多摩羅殿が…
タタッ
舎脂《しゃし》様 御寝所《ごしんじょ》に 立《た》ち入《い》りました非礼《ひれい》を お許《ゆる》しください
多摩羅《タマラ》殿《どの》?
ぐいぐいっ
天王《てんおう》様は お聞き間違《まちが》いに なったのですわっ
え えっ
ずるずるずる〜

で…では 母上
ぺこ。
おやすみなさいませ
御立派《ごりっぱ》に なられて……
本当に
あのように 優《やさ》しげな 御姿《おすがた》ですのに 文武両道《ぶんぶりょうどう》に秀《ひい》で
この善見城内《ぜんみじょうない》でも 天王《てんおう》様のお相手《あいて》が 出来るのは 四天王《してんのう》の皆様《みなさま》のみ
今から お楽しみですわね
さぞや御立派《ごりっぱ》な 次代の天帝《てんてい》と なられるでしょう

おやすみなさいませ舎脂《しゃし》様
おやすみ
パターン
次代《じだい》の天帝《てんてい》ですって?

当然《とうぜん》してみせるわこの手で！
……でなければなんのために阿修羅王《あしゅらおう》を裏切《うらぎ》り帝釈天《たいしゃくてん》の子を身籠《みごも》ったのかわからない
帝釈天《たいしゃくてん》……

妃《きさき》となった今でさえ 底の知れない あの男
私と通じたのも 阿修羅族《あしゅらぞく》の秘密《ひみつ》が 知りたいがため
でも 私も同じよ
いつか 帝釈天《たいしゃくてん》を葬《ほうむ》り 我《わ》が子天王《てんおう》を 天帝《てんてい》の座《ざ》に据《す》え

この天界《てんかい》に君臨《くんりん》してやる

そのためにはまず
あの邪魔《じゃま》な
四天王《してんのう》を
抹殺《まっさつ》しなければ……
北方将軍《ほっぽうしょうぐん》
毘沙門天《びしゃもんてん》
西方将軍《せいほうしょうぐん》
広目天《こうもくてん》
南方将軍《なんぽうしょうぐん》
増長天《ぞうちょうてん》
そして……

未《いま》だに姿《すがた》を現《あらわ》さない東方将軍《とうほうしょうぐん》
持国天《じこくてん》
天妃《おうひ》である私にさえその正体《しょうたい》を明《あ》かさない四天王《してんのう》の四人目……

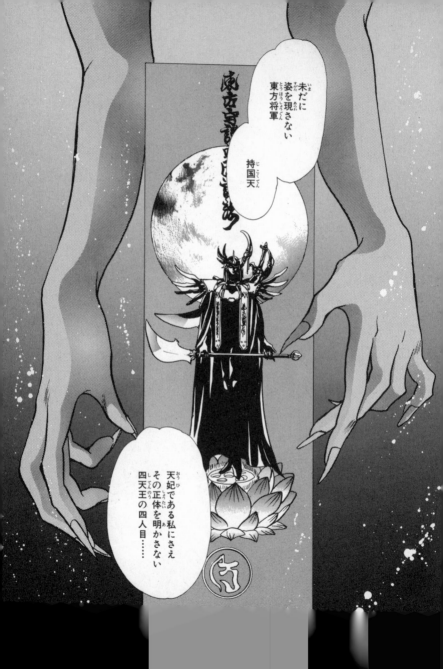

たとえ誰であろうが私の邪魔《じゃま》をする者は
すべてこの手で引《ひ》き裂《さ》いてくれるわ！

ホホホホホ!
オホホホ…

ヒュウウウッ

私は欲しいもののためには
星の位置さえも変えてみせる
まあ こわい
乾《けん》闥《だっ》婆《ぱ》王《おう》か……
スッ
ふわ…

乾闥婆王《けんだっぱおう》お召《め》しにしたがい
琴《こと》の音《ね》を献《けん》じに参上《さんじょう》いたしました

またこわいことを考えてらっしゃいましたのね
前にも同じようなことをおっしゃっていましたわ
たとえ何万の血が流れようと
誰が地獄へ落ちようとも
この天界は余《よ》のものだ

余《よ》に従わぬものは
たとえ星でも砕《くだ》く
先帝を倒し
この天界に君臨《くんりん》する帝釈天《たいしゃくてん》様が
まだ『欲しいもの』とはいったい何でしょう?
この手にはけっして掴《つか》むことのできぬものだ
え?

一曲所望《しょもう》する
先帝を倒し この天界を血で染め 手に入れた
天界一の調べを 聞かせて貰《もら》おうか
ポロン
私は強い人が 好きです
先帝を 倒し
最強と言われた 守護闘神《しゅごとうしん》 阿修羅王《あしゅらおう》を倒し
貴方《あなた》はこの天界の 覇王《はおう》となった

貴方《あなた》が誰よりも
強いうちは
私は貴方《あなた》に
お仕《つか》えしますわ

さすれば
余《よ》以上に強い者が現れれば
そなたは余を裏切るか
ぷっ
ころころ
裏切るも何も
最初から貴方《あなた》は私を信用などなさっていないでしょう?
貴方《あなた》は誰も信じてはいらっしゃらない

誰も必要と していない
四天王《してんのう》をはじめ
聖戦《せいせん》の折《お》りから 腹心《ふくしん》と名高い 毘沙門天《びしゃもんてん》でさえ
もちろん 私のことも……

貴方《あなた》はなんのために
これまで戦って
いらしたのでしょう
そしてこれからも
なんのために戦って
いかれるのでしょう
守りたいものがあるのだ
この命を
かけても

たとえ星を砕き
生きとし生けるもの すべてを この手で引き裂こうとも
守らねばならぬものが あるのだ
帝釈天《たいしゃくてん》様……

ポロン!
ポロロン
ポロロロ…
悪鬼と恐れられ
三百年前この天界を血の海に変え
今の座を手に入れたこの人の

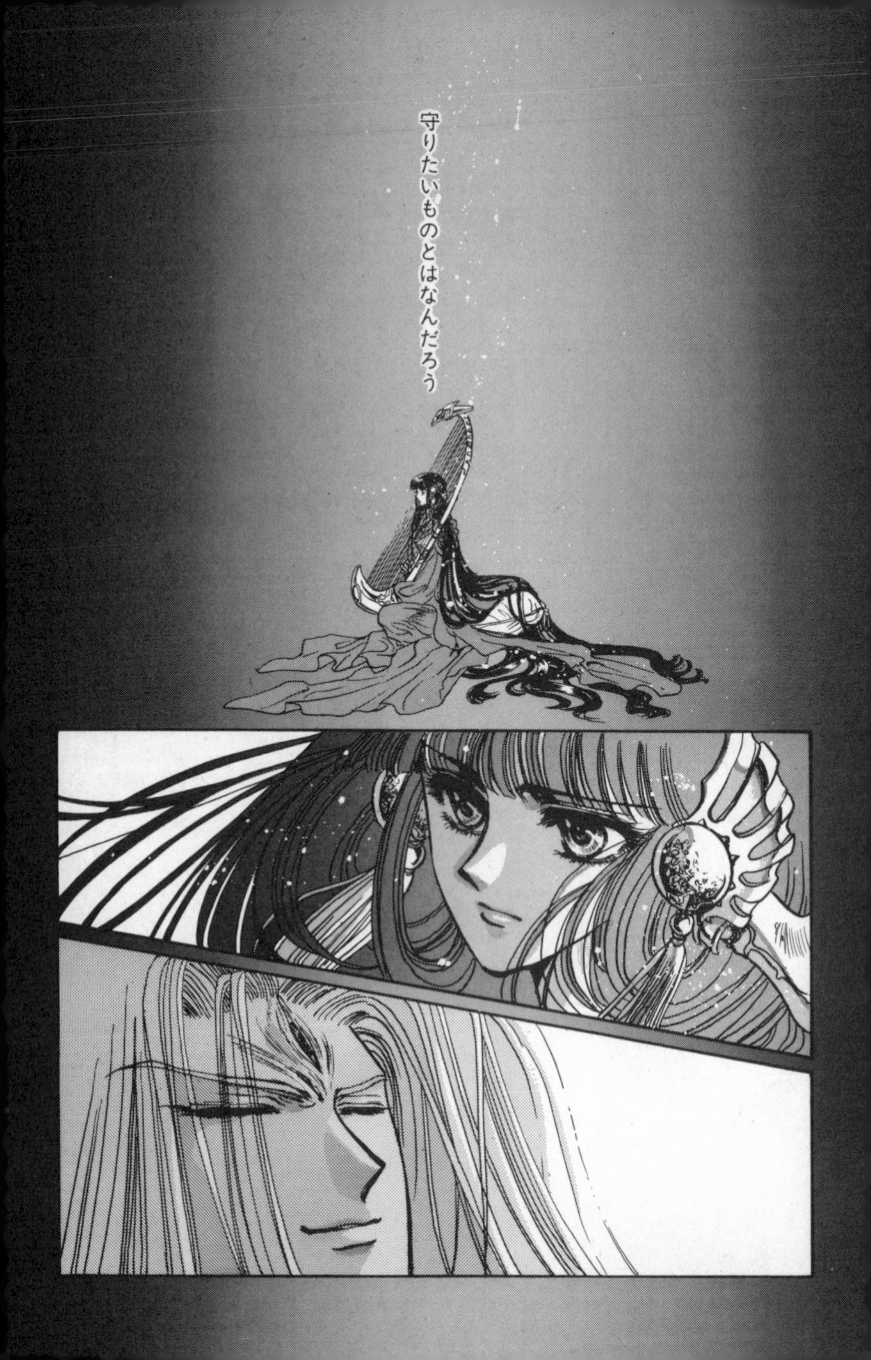
守りたいものとはなんだろう

ならば これを……
蘇摩《そうま》が帰るまで おあずかりください
蘇摩《そうま》は必ず お役目を果たし
乾闥婆《けんだっぱ》様のもとに 帰って来ますから……

蘇摩《そうま》……
貴方《あなた》が役目を果たすことはできないの
できないのよ

カッ
カッ
あの男……
先の夜叉王《やしゃおう》の子だと名乗った
たしかに夜叉王《やしゃおう》には弟がいた
しかし幼い頃に失踪《しっそう》したと聞いていたが……

どう思う？
は……
謀反人《むほんにん》どもはまだこの近辺にいるやもしれません
広目天《こうもくてん》様
スタッ
どうか私《わたくし》めにお任《まか》せを
うむ……西方《せいほう》五天《ごてん》水天《すいてん》・婆留那《ヴァルナ》風天《ふうてん》・婆由《ヴァーユ》ことごとく失敗している
これ以上私に恥をかかせるな

兵は
おまえに
預けよう
必要なだけ
連れてゆくが
よい
夜叉王《やしゃおう》と
阿修羅王《あしゅらおう》の子の首
討《う》ち取《と》って参《まい》れ
ははっ
必ずや……
私の期待を
裏切るでないぞ
お任《まか》せを!
オオオオオ
オ

ふわ
待っておれ 謀反人《むはんにん》めが この火天《かてん》・阿耆尼《アグニ》が
その首 必ずや 討ち取ってくれるわ
きゃっきゃっ

サッ
サッ
おいおい
俺たちゃ追われてる
身だろ？
こんな
和気《わき》あいあいで
本当に
いいのかよ
龍《りゅう》ちゃん
さぼらずに
ちゃんと
働かなきゃ
御飯《ごはん》
抜きだよ!
ぷんすか
うるさい
小姑《こじゅうと》!!
くすくす
くす

どうしたの？
ごめんなさい やっぱり 似《に》てらっしゃると 思って
？ ？
そんなに 似《に》てるの？
どなたが どなたに
似《に》ていらっしゃるん ですか？
あのね 沙羅《しゃら》の旦那《だんな》さんと 夜叉《やしゃ》がよく似《に》てるん だって
夜叉王《やしゃおう》に？
わくわーく
どこらへんが 似《に》てるの？

そうね……
やっぱり目……かしら……
目?
意志の強い……
深い闇色の瞳
でもとても優しい瞳なの

そうだね
夜叉《やしゃ》の瞳も
夜の空の色で
優《やさ》しい色だよ
ね・ね
沙羅《しゃら》の旦那《だんな》さんて
名前は？
名前は
……
まったくもー
俺は誰よりも
働き者なんだからな
ありがとう
ございます
まーかせて!
龍《りゅう》ちゃん
人一倍食いしんぼう
だから
人一倍働かなきゃ
駄目《だめ》なんだよ
俺がいつ人一倍
食った!?
俺はいつも
人並みしか
食わねえよ！
ドタバタドタバタ
人の百倍食うのは
おまえだろう!!
ドタバタドタバタ

ワーイ!
きゃー
バタバタバタ
はた。

本当《ほんとう》に似《に》ていらっしゃる
旦那《だんな》様……どうしていらっしゃるかしら……
旦那《だんな》様はずっとお留守《るす》なのですか？
ええ
いつも留守《るす》がちで
でも今回は特別長いようです
ドタドタ
なんでも兄《あに》上《うえ》様にお会《あ》いになるとか……

きゃーーっ
バタバタバタ
え？
バタバタ
がしっ
バタ
阿修羅《あしゅら》!!
ぷんすか
また
おまえは――っ!!
優《やさ》しい人だと
思ったらすぐ
逃《に》げ込《こ》みやがって！
だって
沙羅《しゃら》って
なんだか
初《はじ》めて会《あ》った人じゃ
ないみたいなんだもん

初《はじ》めて会《あ》った時に思ったもん
なんだか阿修羅《あしゅら》沙羅《しゃら》のこと知ってるみたいだって
私たち初対面《しょたいめん》だと思うのだけど
阿修羅《あしゅら》もそう思うんだけど……
でもね
やっぱり初《はじ》めて会《あ》ったと思えないんだよ
うーん阿修羅《あしゅら》がすぐ綺麗《きれい》な女の人にくっついて行くのは
やっぱり夜叉王《やしゃおう》の悪影響《あくえいきょう》かなあ

育《そだ》て親《おや》がたらしだと
養《やしな》い子《ご》も……
……
ヒュッ
龍王右手と右足いっしょに出てます!!
ギクシャク
お 俺 飯《めし》の準備《じゅんび》手伝《てつだ》うよっ
阿修羅《あしゅら》も——
ありがとう

!
なんでも兄上《あにうえ》様とお会《あ》いになるとか…
!

まさか！考えすぎだ

ワアアアァ
ワァァ
ザァァッ

ダダダッ
ギイィィン
ビキッ
ビキッ
ドン

ドワッ
ゴゴゴゴゴ
シュウゥゥゥゥ
オオーッ

シュウゥゥゥゥゥ…
カチャ

ワァアアアアアアア
さすが天子《てんし》
武《ぶ》にも優《すぐ》れていらっしゃる
もう四天王《してんのう》しかお相手《あいて》が務《つと》まりませんな
増長天《ぞうちょうてん》様
おう
すまねえな
天王《てんおう》様の剣《けん》は本物《ほんもの》だ
コト
やっぱ血《ち》は争《あらそ》えねえな
さすが天帝《てんてい》の息子《むすこ》

はははは
顔《かお》は似《に》てねえが しっかり血は ひいているようだ
ぞ…増長天《ぞうちょうてん》様
お疲《つか》れさまでした
よお 久《ひさ》し振《ぶ》り だなあ
素晴《すば》らしい 剣技《けんぎ》でしたわ
相手《あいて》が良《よ》かった からな
久《ひさ》し振《ぶ》りに南方将軍《なんぽうしょうぐん》 増長天《ぞうちょうてん》の剣技《けんぎ》を 拝見《はいけん》できて 望外《ぼうがい》の喜《よろこ》び でした

おいおい
お世辞《せじ》は
なしにしようぜ
ザッ
すっ
ゾロゾロゾロ
この前《まえ》会《あ》った時《とき》も
こんな鳥《とり》一《いち》羽《わ》飛《と》んでない
綺麗《きれい》な空《そら》だったな

増長天《ぞうちょうてん》……
乾闥婆王《けんだっぱおう》
迦楼羅族《かるらぞく》の動向《どうこう》を知《し》っているか?

増長天《ぞうちょうてん》が申《もう》しつけたとおり
静《しず》かに天空城《てんくうじょう》で暮《く》らしているようですわ
しかし蒼王《そうおう》は黙《だま》っちゃいねえだろう
……あの日飛《と》んでいた『鳥《とり》』のことを
天帝《てんてい》にお話しになりますか

俺《おれ》は何《なに》も見《み》てやしねえよ
俺《おれ》は天空城《てんくうじょう》から飛《と》び下《お》りて自害《じがい》した迦楼羅王《かるらおう》が生きていたならきっと黙っちゃいねえなと言ったんだ
それに
『鳥《とり》』ってえのはなんの話《はなし》だい？
ありがとうございます

何《なに》も礼《れい》を言われるような こたぁしてねえよ
しかしおめえも 不思議《ふしぎ》だな
カツ カツ
?
天帝《てんてい》一番の 気《き》に入りの楽師《がくし》 であるおめえが
何故《なぜ》 天帝《てんてい》に拳《けん》を向《む》けた 迦楼羅王《かるらおう》のことを
それほど 気にかける?
天王《てんおう》様
タタタッ
それは……
増長天《ぞうちょうてん》!

さっきは ご指導頂《しどういただ》いて ありがとう
いやあ 素晴《すば》らしい 上達《じょうたつ》ぶり 驚《おどろ》きました
そろそろ我《われ》ら四天王《してんのう》でも お相手《あいて》するのが きついようです
天帝《てんてい》にご指南《しなん》を 仰《あお》がれれば いかがかな？
天帝《てんてい》の剣技《けんぎ》は 凄《すさ》まじいものですからな
……
父上《ちちうえ》が私の相手《あいて》を なさることは あり得《え》ませんから

……
すみません
増長天《ぞうちょうてん》 乾闥婆王《けんだっぱおう》 お話中だったのではないですか？
ぱっ
いや 天界一《てんかいいち》の楽師《がくし》の君《きみ》に 楽器上達《がっきじょうたつ》のこつを 教《おそ》わっていたのです
貴方《あなた》が何《なに》か楽器《がっき》を？
秘密《ひみつ》にしていたのですが……
実《じつ》は
密《ひそ》かに笛《ふえ》の練習《れんしゅう》を……
はぁ
?!

それは凄《すご》い！
是非《ぜひ》今度《こんど》
聞かせて欲しいものだ
本気《マジ》
ぷーっ
くすくすくす
ここに来た真の目的を思い出した
ぱっ
乾《けん》闥《だっ》婆《ぱ》王《おう》
これからのご予定は……
いえ 天帝《てんてい》のお召《め》しも
終《おわ》りましたし
そろそろお暇《いとま》しようかと……
乾陀羅闍《ガンダラージャ》で何かご用が？
いえ…用という訳《わけ》では
でで でしたら
この前の約束《やくそく》を
ぜ…是非《ぜひ》
ああ 琴《こと》をお聞《き》かせするお約束《やくそく》ですわね
わかりましたわ

では……
ポロロン。。
はっ
いえ…そうでは
なく……
？ ？
あ あの
で できれば
善《ぜん》見《み》城《じょう》では
なく……
あっ あの
そうだなあ
今日はいい天気《てんき》だ
どこぞへ遠出《とおで》でも
なさったらいかがかな
ぱあっ
そ……
そうですね！

琴《こと》を私のために弾《ひ》いて頂《いただ》けるのでしたら
是非《ぜひ》善見城《ぜんみじょう》の外で
花の綺麗《きれい》な湖《みずうみ》を知《し》っていますできればそちらで……
でも天王《てんおう》様が城《しろ》の外にお出になってもしものことがあっては……
天王《てんおう》様の剣技《けんぎ》はさっき見ただろう乾闥婆王《けんだっぱおう》
もし不逞《ふてい》の輩《やから》が現《あらわ》れてもちゃんと自分の身はお守りになれるさ
ん
もちろんお姫《ひめ》様もな
そうですわね……
では
ご一緒《いっしょ》しましょう天王《てんおう》様
お菓子《かし》と飲《の》み物《もの》も用意させますわ

い……今すぐ用意して
もうもう死ん
でもいいっ!!
参《まい》ります
……
本当《ほんとう》に天王《てんおう》様《さま》は楽師《がくし》の君《きみ》が気《き》に入《い》りだなあ
同《おな》じ齢《とし》くらいの方《かた》がいらっしゃらないから
きっとお寂《さび》しいのですわ
だから私に声をかけてくださってるだけで……
おいおい

この善見城《ぜんみじょう》には
天王《てんおう》様と同《おな》じ齢《とし》
くらいの女官なんて
掃《は》いて捨《す》てるほど
いるぜ
わははは
わはははははは
だみだこりゃ
お目《め》あてのお姫《ひめ》様がこれじゃ
天王《てんおう》様も努力《どりょく》のしがいが
ないってもんだ
キョトン
?
あー食《く》った食《く》った
うまかった!
本当《ほんとう》に料理上手《りょうりじょうず》
だなあ
ありがとう
でも貴方《あなた》も
手際《てぎわ》がいいのね
いつもお母《かあ》様の
お手伝《てつだ》いしてたの
かしら?

いんにゃ 母上《ははうえ》はいないんだけど——
それに どっちかってーと 料理は父上の 方が……
母上《ははうえ》はいないけど 従兄弟《いとこ》連中《れんちゅう》が 行儀《ぎょうぎ》や礼儀《れいぎ》に うるさくて
いろいろ 手伝《てつだ》わされて たんだ
タポンッ
ごめんなさい
私ったら 余計《よけい》なことを……
いや 全《ぜん》っ然《ぜん》 気《き》にしなくて いいぜ
ふんぎーっ!
ぎゅっ
ずずず…
ふわ…
初《はじ》めて会《あ》った時も 一生懸命《いっしょうけんめい》 薪《まき》を拾《ひろ》っていたわね
いい子ね

そう言えば
まだお名前《なまえ》を
聞《き》いてなかった
わね
昨日《きのう》の夜《よる》
『あしゅ…』なんとかって
言ってたわよね
げげげーっ
まずいっ
うん！
あのね
あしゅ…
あっ
ばきっ
まあいろいろあって
名前《なまえ》はちょっと……
あはは
ははは——
？
サク
サク
サク
これからどうなさるの
ですか

当分《とうぶん》ここに留《とど》まられるおつもりですか？
いや
このままここに留《とど》まればあの娘《むすめ》に迷惑《めいわく》がかかるだろう
もし娘《むすめ》に何かあれば阿修羅《あしゅら》がまた悲《かな》しむ
技藝《ぎげい》が死んだ…って夜叉《やしゃ》は知ってた？
知ってたの!?
もうあんな想《おも》いはさせたくない

夜叉王《やしゃおう》……
本当《ほんとう》に夜叉王《おとうさん》は
子供《あしゅら》思いだなあ
ばあっ
パラ…

びっくりした？
びっくりした？
……
なんだ
せっかくいいこと教《おし》えてあげようと思って
わざわざ来たのに
スタスタスタ
お父さん
ホーッ！
無視《むし》しないでよ――！
あのおぢさんこわい――！
わ
私は……あの……

龍王《りゅうおう》なら一緒《いっしょ》に遊《あそ》んでくれるのに……
くすん
すみません
あれ？
そういえば阿修羅《あしゅら》と龍王《りゅうおう》は？
お二人はあちらに……
なんの用だ
もうおぢさん短気なんだから
あのね広目天軍《こうもくてんぐん》が……
こんな所に隠《かく》れておったか謀反人《むほんにん》どもめ！
天帝軍《てんていぐん》　西方将軍《せいほうしょうぐん》
広目天配下《こうもくてんはいか》
西方五天《せいほうごてん》が一人
火天《かてん》・阿耆尼《アグニ》!!

うぬら謀反人《むほんにん》どもを成敗《せいばい》に参《まい》った！
もう来ちゃった あはははは――
いや まいったな
……って来るから
早く逃げたほうがいいんじゃないかな――って思ったんだけど
あたしは西方五天《せいほうごてん》の恥晒《はじさら》し
婆由《ヴァーユ》や、婆留那《ヴァルナ》とは違《ちが》うよ
試《ため》してみるかい？
私好《この》みの色男《いろおとこ》

ちょっともったいないが
その首揃《くびそろ》えて西《にし》の御大将《おんたいしょう》に
献上《けんじょう》する！
消えた!?
天界《てんかい》最強の武神将《ぶしんしょう》
北の夜叉王《やしゃおう》と
戦えるとは
嬉《うれ》しいねえ!!

強くてそのうえ
こんなに良い男だなんて
苦痛《くつう》に歪《ゆが》んだ表情《かお》が
見たいねえ
ぞくぞくするよ
あはははは
せっかくだから
その端整《たんせい》な顔には
傷をつけずに
仕留《しと》めてやるさ!!
やだなーーもう
関係《かんけい》ないってのに
ヒョイ
ヒョイ
しつっこいね
——
双月葉《そうげっぱ》!!
ガキッ

ドオオオオン
！
まずい！
追手《おって》だ！

待って!
だめ!
危《あぶ》ないわ!!
大丈夫《だいじょうぶ》だよ
沙羅《しゃら》
阿修羅《あしゅら》
約束《やくそく》したんだ
……夜叉《やしゃ》を
信じるって
夜叉《やしゃ》のために
生きるって
夜叉《やしゃ》のたった
一人の弟《おとうと》と

羅《ら》刹《せつ》と
え?

ダッ
ら…せつ……？

だーっ！もう！
見ろ やっぱり 追手《おって》が 来たじゃ ねえかっ！
しょーが ねーな——

龍王《りゅうおう》!!
危《あぶ》ない!
破邪《はじゃ》!!
海《かい》―龍《りゅう》波《は》――!
悪《わ》りぃ 待《ま》たせた
龍王《りゅうおう》!

強いねえ
こんな強い相手と戦えるとは
死んだ婆由《ヴァーユ》と婆留那《ヴァルナ》に感謝しなきゃあねえ
こんな強い男を殺す楽しみを
私に残しておいてくれたんだから!
火《か》破《は》帝《てい》!!

さらばだ
夜叉王《やしゃおう》
ははははは
は…
は！
よけた
私の火破帝《かはてい》をよけた…
本当に
嬉《うれ》しいねえ

グッ
夜叉《やしゃ》ーー！
夜叉《やしゃ》！
来るな！
金の瞳《ひとみ》 尖《とが》った耳！
そいつが阿修羅王《あしゅらおう》の
御子《みこ》だ！

殺せ！
ダッ
ダダダ

夜叉《やしゃ》！
!!
阿修羅《あしゅら》
御子《みこ》！

ぐあっ
ドオッ
バサ
誰《だれ》だ!
やっと会えたな

夜叉王《やしゃおう》
阿修羅王《あしゅらおう》の御子《みこ》
スル…

迦《か》楼《る》羅《ら》王《おう》……!!

聖《RG》伝《VEDA》 非天征戮篇 I END

聖伝外伝
非天夢魔

ここは……?

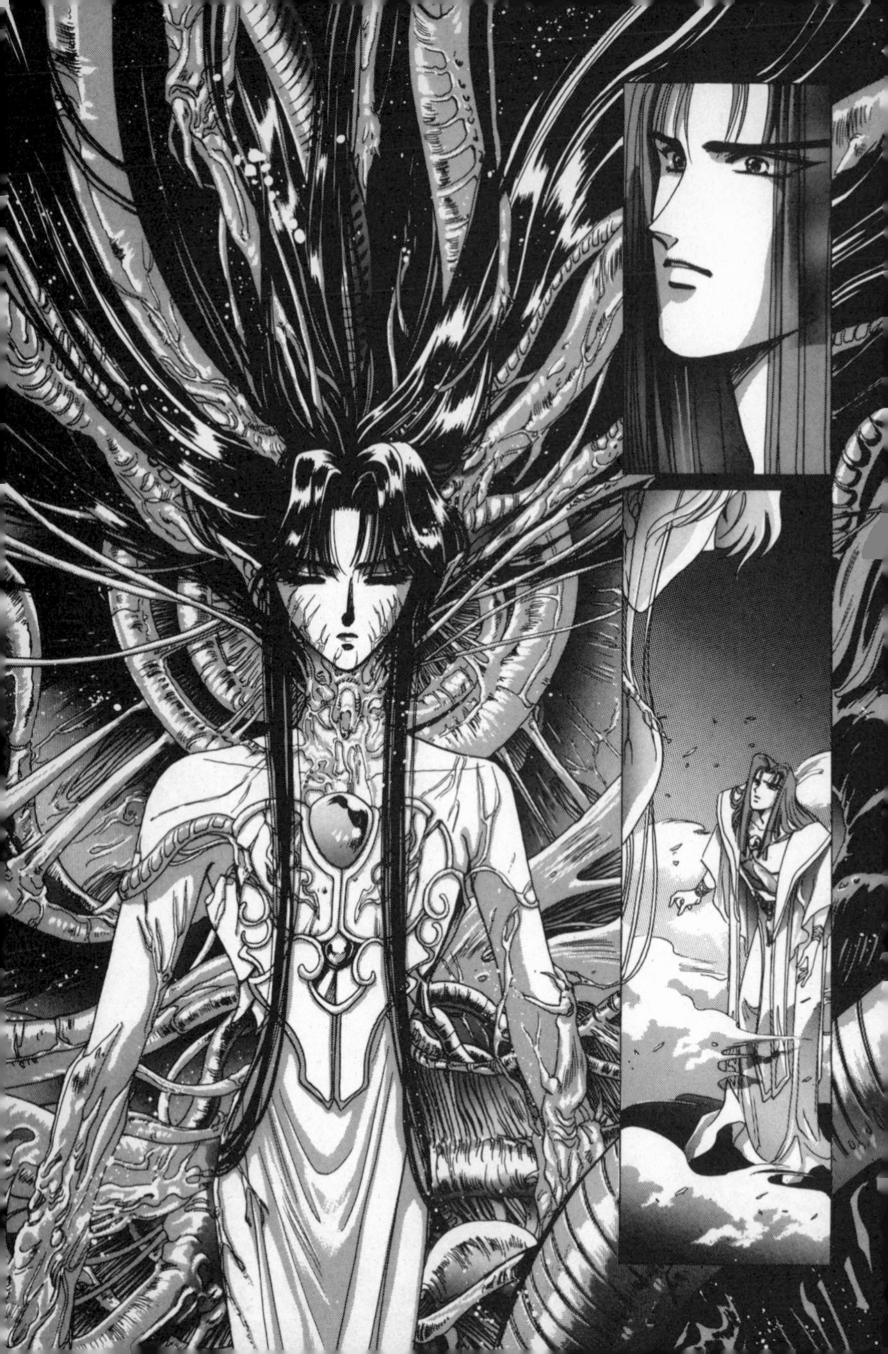

阿修羅《あしゅら》
ゴオオオオンオオオオオ

ここは私の罪《つみ》が眠《ねむ》る場所
永劫《えいごう》に醒《き》めぬ夢《ゆめ》
それが私の罪《つみ》
すまない

こうなることを知《し》っていても
それでも私は……

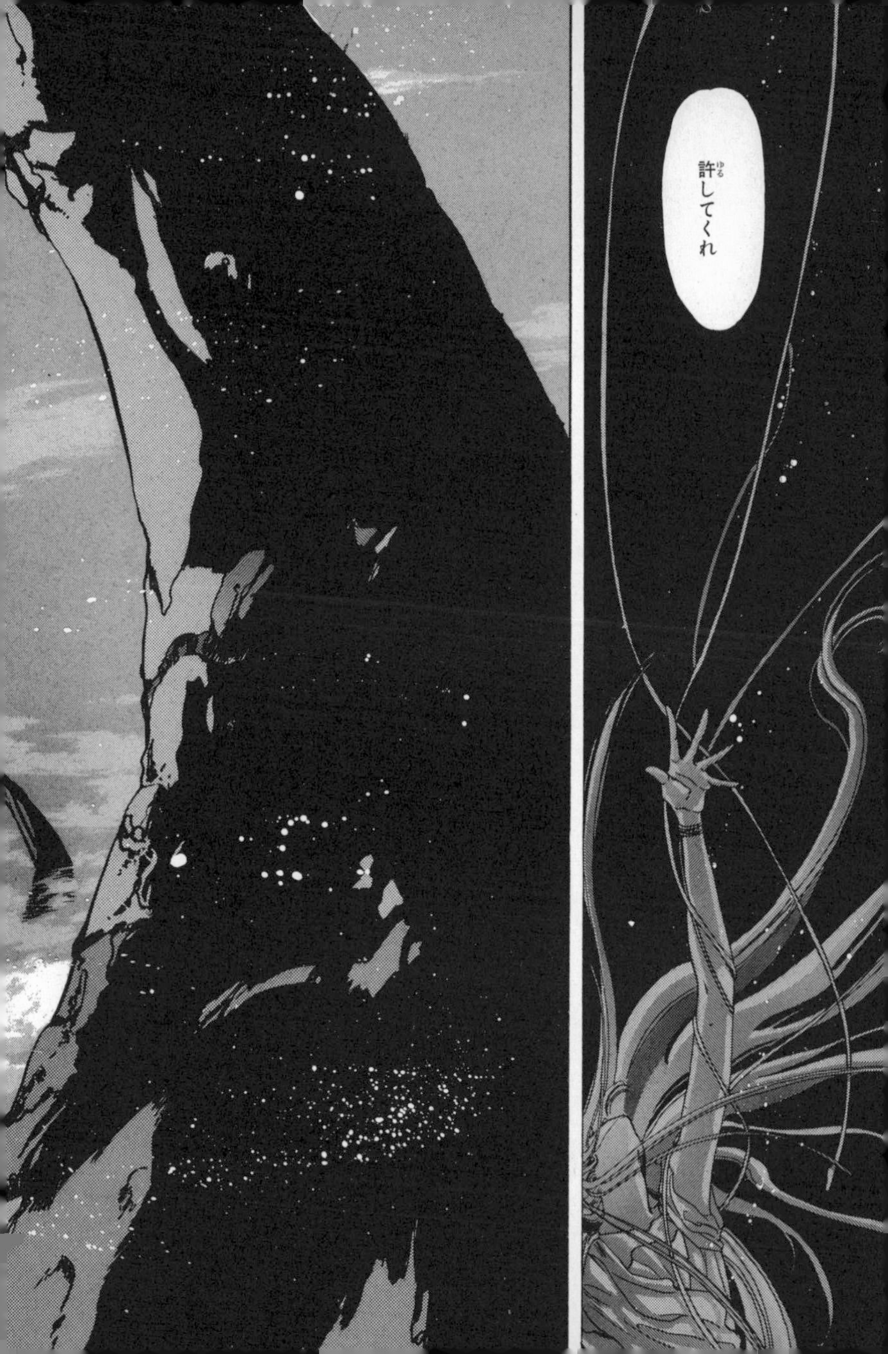
許《ゆる》してくれ

ゴオオオオオ
ポロン…

ポロン!!
いつもながら素晴《すば》らしい琴《こと》の音《ね》じゃ乾闥婆王《けんだつばおう》
身に余るお言葉でございます
まだ幼《おさな》いそなたの娘《むすめ》も大層《たいそう》な弾《ひ》き手と聞き及《およ》んでおる楽しみよのう

カッ…
おお……
龍王《りゅうおう》か
よく参《まい》った
はっ
武術試合の
審判《しんぱん》
大儀であった
ファサ
御意《ぎょい》

こたびの勝者は随分《ずいぶん》お小さい方でしたとか？
ええ 乾闥婆王《けんだつばおう》
勝者は夜叉族《やしゃぞく》の王の子息《しそく》で
準勝者は西の武神将《ぶしんしょう》迦楼羅王《かるらおう》の息女《そくじょ》並《な》みいる大人《おとな》を蹴散《けち》らして見事なまでの戦いぶりでした

今は北方の一神族《いちしんぞく》に
すぎんが
近い将来《しょうらい》夜叉王《やしゃおう》が
武神将《ぶしんしょう》になるやも知れぬな
おお そうじゃ
龍王《りゅうおう》も早う
良い婿《むこ》を迎えて
跡取《あとと》りをつくるがよいぞ
そなたに似《に》て
素晴《すば》らしく強い
武神将《ぶしんしょう》に
なるだろうて
天帝《てんてい》っ!!
のう 阿修羅王《あしゅらおう》
御意《ぎょい》

西の結界《けっかい》は どうじゃ 龍王《りゅうおう》
はっ
今のところは ……
——など 一部で魔族《まぞく》の 横行《おうこう》が激《はげ》しく なっております
留意《りゅうい》したが よろしいかと——

帝釈天《たいしゃくてん》のことだが……
雷神《らいじん》 帝釈天《たいしゃくてん》……でございますか？
うむ
近頃の働き 実に見事でな そろそろ武神将《ぶしんしょう》の位《くらい》をと思案《しあん》しておった

どうじゃ？龍王《りゅうおう》
たしかに
たしかにあれほどの腕武神将《ぶしんしょう》となってもなんら異存《いぞん》はありません
ですが……！

あの者はいつか
天帝《てんてい》に仇《あだ》なす気がするのです
これは穏《おだ》やかでないのう

阿修羅王《あしゅらおう》
そなたはどうじゃ？
これは
私の罪《つみ》
帝釈天《たいしゃくてん》の
剣技《けんぎ》はたしかに
武神将《ぶしんしょう》にふさわしいもの
私の望《のぞ》みが招《まね》く罪《つみ》

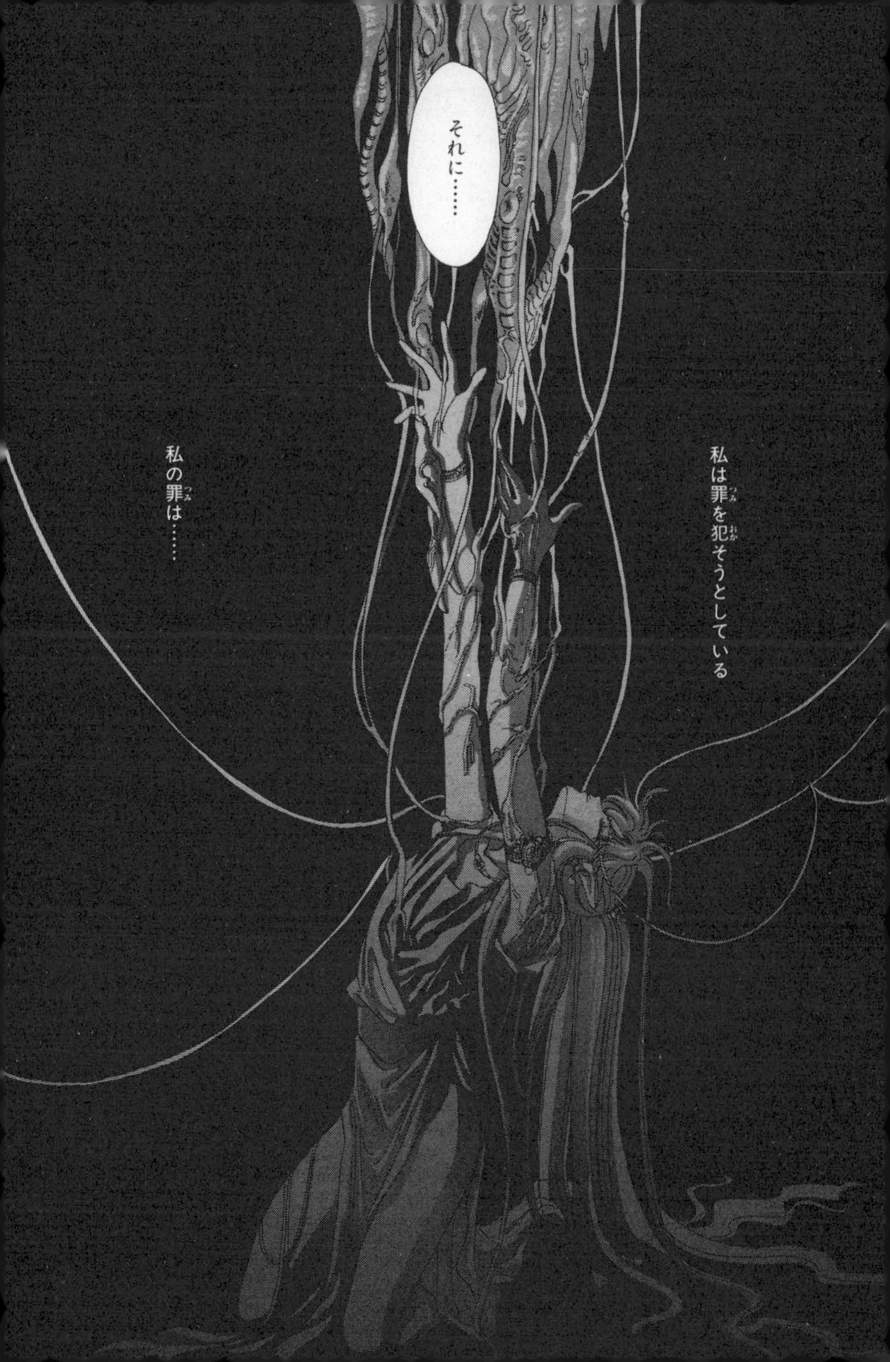
それに……
私は罪《つみ》を犯《おか》そうとしている
私の罪《つみ》は……

それに？
なんなのだ？
いえ……何も
天帝《てんてい》の御心《みこころ》のままに……
阿修羅王《あしゅらおう》が良いとおっしゃるなら
異存《いぞん》はございません
うむ！
阿修羅王《あしゅらおう》……
阿修羅王《あしゅらおう》！
私の罪《つみ》は……

阿修羅王《あしゅらおう》
気分がすぐれぬようじゃな
城へ帰って休むがよい
いえ……
阿修羅王《あしゅらおう》!
………
阿修羅王《あしゅらおう》はこの天界《てんかい》の
守護闘神《しゅごとうしん》で
あらせられます
御身《おんみ》大切にしていただかねば
阿修羅王《あしゅらおう》にもしもの
ことがあっては
それこそ天界《てんかい》の大事!!
わかった
龍王《りゅうおう》
では……
御苦労であった
ゆるりと休むがよい

未来永劫《えいごう》許されぬ罪《つみ》
カツーン
九曜《くよう》……
阿修羅王《あしゅらおう》
どうなさったのですか
何か御心配事でも……？
いや……
もうすぐ御結婚なさる方が……
このような所にお寄《よ》りになってはいけませんわ

九曜《くよう》……
は はい
星宿《せいしゅく》とは……
変えることのできぬもの
……か？
………
はい
いかなる者にも？
はい

星宿《せいしゅく》とは運命《さだめ》
星が軌道をたがえることがないように運命《さだめ》もその流れを変えることはないのです
九曜《くよう》は運命《さだめ》に逆《さか》らう者を愚《おろ》かだと思うか？
私はただ星の軌道《きどう》を読み運命《さだめ》を読むだけ
星は天地の理《ことわり》が動かすのです運命《さだめ》も然《しか》り……
運命《さだめ》を変えようと天の摂理《せつり》に背《そむ》けば世が乱《みだ》れます
……阿修羅王《あしゅらおう》……

星に逆《さか》らい
天地《あめつち》に背《そむ》き
私は天に仇《あだ》なす
罪人《つみびと》になるだろう
ただ
我《わ》が子を救《すく》いたい　その望《のぞ》みゆえに

九曜《くよう》！
まあ耶摩《やま》
お入りなさい
お邪魔《じゃま》しても
よろしいか？
阿修羅王《あしゅらおう》 こちらは
夜叉王《やしゃおう》の御子《みこ》
耶摩《やま》
私の小さな
友人
未来の武神将《ぶしんしょう》ですわ

九《く》曜《よう》！
ホホホ……
お初に お目もじ つかまつります
阿《あ》修《しゅ》羅《ら》王《おう》
『北の夜《や》叉《しゃ》王《おう》』……か
え？

そなた…… この世にただひとつの 大切なものが
禍《わざわい》を もたらすもので あったなら どうする？
守ります
手をさしのべて 命の限《かぎ》り 守ります

では大切なものの為《ため》に強くなれ
いつか出逢《であ》うべき宿星《しゅくせい》を守れるように

コツーン…
帝釈天《たいしゃくてん》……
お帰りか 阿修羅王《あしゅらおう》
『夜叉王《やしゃおう》』
供《とも》の者も お連《つ》れにならずに 出歩《である》かれるとは……
どこに 不逞《ふてい》の輩《やから》が 潜《ひそ》んでいるやも 知れませんぞ
帝釈天《たいしゃくてん》…… そなた……

宿命《さだめ》とは変えられぬものだと思うか？
私は欲《ほ》しいものの為《ため》なら
星の位置《いち》さえも変えてみせる

これは私が望《のぞ》んだ夢《ゆめ》
たとえどのような禍《わざわい》を
招《まね》こうとも

星に逆《さか》らい
天地《あめつち》に背《そむ》き
私は天に仇《あだ》なす
罪人《つみびと》になるだろう

それは非天《ひてん》が見る夢《ゆめ》

RG VEDA 聖伝 非天夢魔 END

どーして阿修羅《あしゅら》は人気がないのかなあっ主人公《しゅじんこう》なのにっ
修羅《しゅら》パパの子供《こども》だから容姿《ようし》なんて将来《しょうらい》美人になるってもお約束《やくそく》だしぃ
ホホホ
お買《か》い得《どく》ってなもんだよっなのに
どーーーしてぇっ
聖伝のおしえて！ えらい人っ
ラーーーむ
思うのだが…
『どらまちっく』なエピソードやバックボーンを持っていないから
……ではないのか？
例えば妹がさらわれたうえ殺されてしまった…とか
あまつさえその死体をペットのエサにされてしまった……とか
そいでもってグレて故郷《こきょう》を飛び出して来たとか
でも阿修羅《あしゅら》だってお気楽極楽《きらくごくらく》な人生じゃないんだよっ！
生まれた途端《とたん》かいしょーのない父親と裏切者《うらぎりもの》の母親のせいで一族《みより》がいなくなって
おかげさまで乳幼児《にゅうようじ》の頃《ころ》からおたずね者でどん暗《くら》な人生の第一歩だったんだよ！
おまけに三百年来のゆりかごは夜叉王《やしゃおう》が夜摩刀《やまとう》でぶった切っちゃうし中で阿修羅《あしゅら》までぶち切れてたら
どっくん どっくん
この話《聖伝》第一話で終わってるよね
旅先で知り合った人はみんな
お星さまになっちゃうし
あう～
なぜ?!

■聖伝のおしえて! えらい人っ/おわり■

聖伝
7巻です
CLAMP新聞
海賊版
聖伝7
猫井みっく
ミルク
上のコマでいつも巻数《かんすう》カウントするのね最近
……
なんかすごいインパクトがありますねイチゴ着るさつきって
『東京パフォーマンスドール』のステージ衣装だ
でも似合《にあ》うよ
あははは
腹かかえ
自分らも変だと思うけど……

まあ
話ふって
もらえたし
いーけど
皆様はお気付き
でしたでしょうか？
『聖伝』単行本の裏《うら》に
予言《よげん》が1フレーズずつ
書かれているんです
なりっ
はいっ
するとこのまま
ぶいぶい行くと
裏と表の予言《よげん》がもう少しで
どちらも「汝《なんじ》ら天を滅《ほろ》ぼす
『破《は》』と成《な》らん」になって
重《かさ》なってしまうことに
なるんですね！
ふふふ
その通り!!
だから！
ふふふふ
『聖伝』は
10巻で終わり
です!!
えーーっ!?
残り3巻と
なりましたが
果《はた》して無事《ぶじ》
終わるでしょうか
えーーっ
えーーっ
そーなのぉ?!
おわっちゃうのぉ！
グイグイ
皆様
『聖伝』を最後まで
応援してやって
くださいませね
えーい
うるさいっ
予定どーり
だろーーっ!!

早いねー『聖伝』も もう7巻でて あと3巻で 終わりかあ
CLAMP《クランプ》の デビュー作だし CDやビデオにも なったし 思い出深いね——
ビデオと 言えば……
ビデオと 言えば？
すっかり 暖《あたた》かくなったねえ
はあ？
ちまたは アウトドアに 浮《う》かれたわむれる という季節《きせつ》に
CLAMP《クランプ》は あえてインドアに お気に入りビデオや アーティストなどを 御紹介《ごしょうかい》しましょうっ
まず 一番手っ 行け——っ もこなっっ
ひゃ——っ
カタパルト発進
えーと もこなの お気に入りは
ビデオは テリー・ギリアム監督《かんとく》の 『バロン』でしょ 他は 『ショウボート』 『サウンド・オブ・ ミュージック』 『シェーン』 『掠奪《りゃくだつ》された七人の花嫁《はなよめ》』 などかな 今のより 昔の作品のほうが多いです やっぱり ハッピーエンドのほうが 好きなので
アーティストはね スティング ジャーニー フィル・コリンズ 日本人では坂本龍一様 子供が生まれてからの 忌野清志郎《いまわのきよしろう》様なんか すっごく好きですね
では 猫井《ねこい》は？
そーですねー 私はあんまり古い映画 観《み》てないんですよね 内容《ないよう》も難《むずか》しくないものの ほうが好きだし

昨年観《み》た『ターミネーター2』も面白《おもしろ》かったし
リドリー・スコット監督《かんとく》のファンで『ブレードランナー』『ブラックレイン』が好きで
インディ・ジョーンズ シリーズも好きですね
『殺しのドレス』も怖《こわ》くて面白《おもしろ》いですっ　私はショーン・コネリーのファンなのですが『アンタッチャブル』も面白《おもしろ》くて衣装《いしょう》がカッコいいですね『薔薇《ばら》の名前』もしぶいです
『アンダルシアの犬』も よくわからないけど 良いです。
アーティストに関《かん》してはあまりよくわからないのでこれといったおすすめはありません
邦画《ほうが》は金田一耕助《きんだいちこうすけ》シリーズが好きです さつきは？
はっ
………
どーしたの？
おいおい
ぐうっ
失礼しました。映画のほうは『オーメン』1と2『ヒドゥン』『若き勇者たち』『鬼龍院花子《きりゅういんはなこ》の生涯《しょうがい》』
アーティストは135《いちさんご》　久保田利伸さん 解散したチェッカーズなどですね
ポカポカポカポカポカ
バシバシ
ペンペン

大川は『裸《はだか》のランチ』をイチおしです
ウィリアム・S・バロウズ原作を デビット・クローネンバーグ監督《かんとく》が 映画化したものですね 私はバロウズのファンなので とても嬉《うれ》しいです
でもね ちょっと気持ち悪いよ
……
他に ジョナサン・デミの『羊たちの沈黙《ちんもく》』もおすすめ 私はサイコホラーが とても好きなんですよ 江戸川乱歩《えどがわらんぽ》先生も大好きですが 映像化は あまり成功《せいこう》したのがなくて……
邦画《ほうが》は 岩下志麻《いわしたしま》様出演《しゅつえん》の『鬼畜《きちく》』か 加藤剛《ごう》様出演の『砂の器《うつわ》』 あ 飯田譲治《いいだじょうじ》監督《かんとく》の 『キクロプス』も必見《ひっけん》です
アーティストの おすすめは 再結成《さいけっせい》したＹＭＯ《イエローマジックオーケストラ》 今お気に入りは 『東京パフォーマンスドール』 でしょうか
四人の趣味《しゅみ》が バラバラなので なんだかいろんなタイプの 映画《えいが》になってしまいましたが 皆様よろしければ 御覧《ごらん》になって くださいましね
さて 話は 突然かわりますが
ＣＬＡＭＰの 情報をお知らせする 情報システムとして １９９３年５月から 活動をしておりました 『ＣＬＡＭＰ研究所』 ですが
この度 １９９４年４月を 持ちまして活動を 終了させて頂く事に なりました
ニュースや新聞等で 報道されています通り 郵便料金の改定が 正式に 決定されました

そうなると
ギリギリの金額で
運営している
『CLAMP研究所』の
入所費も値上げせざるを
得ません
入所費が
値上がりしてしまうと
読者の皆様に更に
負担がかかってしまいます
そこで『CLAMP研究所』は
'94年4月まで発行させて
頂きますがそれ以降は
閉所させて頂くこととなりました
申し訳ございませんが
'94年4月までの
お申し込み受付は
終了しております
尚テレフォンサービス
『CLAMP研究所・秘書室』は
かわらず続けてまいります
『CLAMP研究所・秘書室』
だけでCLAMPの情報を
すべてお伝え出来るよう
頑《がん》張《ば》ってまいります
『CLAMP研究所・
秘書室』のみの
プレゼント等も実施して
おりますのでぜひ
聞いてみて下さいませ
情報は
毎月1日と15日
月2回新しいものに
変更されます
CLAMP研究所・秘書室
情報更新日
毎月　1日・15日(月2回)
電話番号
03(3496)8311
※電話番号はお間違えのないように
お願い致します。
最終巻《さいしゅうかん》まで
あと三冊
気合《きあ》いを入れて
頑張りますね
皆様
お楽しみに——っっ
きゃるーん
聖伝8に続く…はずね

●「非天征戮篇Ⅰ」はウィングス'92年12月号～'93年4月号に、「非天夢魔」は画集『非天夢魔』に掲載。

●「聖伝のおしえて！えらい人っ」はこの本のために描き下ろされたものです。

STORY／NANASE OHKAWA
COMIC／MOKONA APAPA

PLANNING AND PRESENTED BY

CLAMP

聖伝

RG-VEDA

STORY／NANASE OHKAWA **CLAMP** COMIC／MOKONA APAPA

三百年前の聖戦で天帝の首級《しゅきゅう》をあげた謀反人《むはんにん》・帝釈天《たいしゃくてん》は新たな天帝となった。天界の禁忌《きんき》である阿修羅《あしゅら》一族の子・阿修羅《あしゅら》を育てることにした夜叉王《やしゃおう》は、だがそのために一族すべてを帝釈天《たいしゃくてん》の命《めい》によって殺され、追われる身となった。彼らの“六星《ろくせい》”探索の旅は続く……!!

聖伝全10巻好評発売中 B6判/定価各490円(税込)⑩のみ定価520円

SHINSHOKAN